TEOLOGIA DO PAPA FRANCISCO

PIEDADE POPULAR

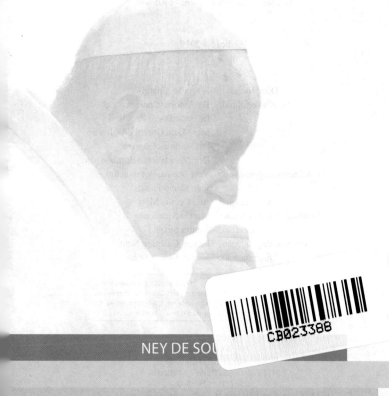

NEY DE SOU

Paulinas

Dados Internacionais de Catalogação na Publicação (CIP)
(Câmara Brasileira do Livro, SP, Brasil)

Souza, Ney de
  Piedade popular / Ney de Souza. -- São Paulo : Editora Paulinas, 2019.
-- (Coleção teologia do Papa Francisco)

  Bibliografia.
  ISBN 978-85-356-4547-7

  1. Francisco, Papa, 1936- 2. Igreja e pobres 3. Piedade - Cristianismo 4. Religiosidade 5. Teologia I. Título II. Série.

19-28144   CDD-248.29

Índice para catálogo sistemático:
1. Piedade popular : Cristianismo 248.29

Cibele Maria Dias - Bibliotecária - CRB-8/9427

1ª edição – 2019

Direção-geral:	Flávia Reginatto
Conselho editorial:	Dr. Antonio Francisco Lelo
	Dr. João Décio Passos
	Ma. Maria Goretti de Oliveira
	Dr. Matthias Grenzer
	Dra. Vera Ivanise Bombonatto
Editores responsáveis:	Vera Ivanise Bombonatto
	João Décio Passos
Copidesque:	Ana Cecilia Mari
Coordenação de revisão:	Marina Mendonça
Revisão:	Sandra Sinzato
Gerente de produção:	Felício Calegaro Neto
Diagramação:	Jéssica Diniz Souza

Nenhuma parte desta obra poderá ser reproduzida ou transmitida por qualquer forma e/ou quaisquer meios (eletrônico ou mecânico, incluindo fotocópia e gravação) ou arquivada em qualquer sistema ou banco de dados sem permissão escrita da Editora. Direitos reservados.

Paulinas
Rua Dona Inácia Uchoa, 62
04110-020 – São Paulo – SP (Brasil)
Tel.: (11) 2125-3500
http://www.paulinas.com.br – editora@paulinas.com.br
Telemarketing e SAC: 0800-7010081

© Pia Sociedade Filhas de São Paulo – São Paulo, 2019

TEOLOGIA DO PAPA FRANCISCO

A presente coleção TEOLOGIA DO PAPA FRANCISCO resgata e sistematiza os grandes temas teológicos dos ensinamentos do papa reformador. Os pequenos volumes que compõem mais um conjunto da Biblioteca Francisco retomam os grandes temas da tradição teológica presentes no fundo e na superfície desses ensinamentos tão antigos quanto novos, oferecidos pelo Bispo de Roma. São sistematizações sucintas e didáticas; gotas recolhidas do manancial franciscano que revitalizam a Igreja e a sociedade por brotarem do coração do Evangelho.

ORGANIZAÇÕES POPULARES
Francisco de Aquino Júnior

ESPÍRITO SANTO
Victor Codina

IGREJA DOS POBRES
Francisco de Aquino Júnior

IGREJA SINODAL
Mario de França Miranda

IGREJA EM DIÁLOGO
Elias Wolff

MÉTODO TEOLÓGICO
João Décio Passos

HOMILIA
Antonio Sagrado Bogaz
e João Henrique Hansen

DOUTRINA SOCIAL: ECONOMIA, TRABALHO E POLÍTICA
Élio Estanislau Gasda

JESUS CRISTO
Antonio Manzatto

PIEDADE POPULAR
Ney de Souza

PROJETO MISSIONÁRIO
Paulo Suess

"O amor consiste mais em obras do que em palavras."
(Santo Inácio de Loyola, *Exercícios espirituais* 230)

"... a realidade é superior à ideia."
(Papa Francisco, *Evangelii Gaudium* 233)

INTRODUÇÃO

A eleição do cardeal arcebispo de Buenos Aires (capital da Argentina), Jorge Mario Bergoglio, como bispo de Roma e pastor universal da Igreja Católica, foi uma grande surpresa. De qualquer forma, o início do século XXI não estava tão pacífico assim na instituição religiosa. Antes dessa surpresa, muitas turbulências[1] e um fato não inédito que há muitos séculos não ocorria serão de enorme significado na história da Igreja Católica no período contemporâneo: a renúncia de um papa.

No dia 11 de fevereiro de 2013, na Cidade do Vaticano, na sala do Consistório, Bento XVI presidiu um consistório público para a canonização de beatos. Em seguida, leu uma breve declaração[2] em latim que levava a sua assinatura e a data do dia anterior, na qual anunciava sua decisão de renunciar ao pontificado, ao ministério petrino, por motivos de idade, comunicando que a Sé de Pedro ficaria vacante a

---

[1] SOUZA, Ney. A Igreja herdada pelo Papa Francisco, um estudo histórico. *Revista de Cultura Teológica* 88 (2016), p. 190-191.
[2] <http://www.vatican.va/holyfatherbenedictxvi/speeches/2013/february/documents/hfben-xvispe20130211declaratioit.html>. Acesso em: 21/11/2018, 21h30. Tradução em: ENGLISCH, A. *O homem que não queria ser papa*. São Paulo: Universo dos Livros, 2013, p. 553.

partir das 20 horas do dia 28 de fevereiro daquele mesmo ano. Esse texto tinha sido entregue aos tradutores da Secretaria de Estado somente ao amanhecer daquela segunda-feira, depois que estes juraram manter segredo.[3]

O antigo prefeito da Congregação da Doutrina da Fé, então Santo Ofício da Inquisição, teólogo de confiança no longo pontificado do Papa João Paulo II (1978-2005), leu sua declaração de renúncia ao pontificado e nela afirmou estar bem consciente de sua decisão e que esta era derivada de sua frágil condição de saúde, assim se tornando incapaz de administrar bem seu ministério. A declaração constou de vinte e duas linhas, linhas destinadas a mudar a história da Igreja. Sua renúncia foi um grande gesto que se tornou revolucionário. Bento XVI trouxe o papado para os tempos modernos.[4] No futuro este papa, além de teólogo, será reconhecido primeiramente como o papa que renunciou, porém, o Papa Ratzinger abriu caminho para a possibilidade de um tempo novo e de mudanças.

O conhecido filósofo italiano da atualidade, Giorgio Agamben, reconhece que com esse gesto da renúncia o papa deu prova não de vileza, mas de uma coragem que adquire um sentido e um valor exemplares. O estudioso vai além,

---

[3] TORNIELLI, Andrea. *Francisco. A vida e as ideias do papa latino-americano.* São Paulo: Planeta, 2013, p. 24-41; ENGLISCH, Andreas. *Francisco, o papa dos humildes.* São Paulo: Universo dos Livros, 2013, p. 63-95.
[4] SOUZA, op. cit., p. 190.

quando afirma que a decisão chama a atenção para dois princípios essenciais da tradição ético-política: a legitimidade e a legalidade. Aprofunda a questão quando sustenta que a grave crise da sociedade atual se dá por ela não só não questionar a legalidade das instituições, mas também a sua legitimidade.[5]

Assim, a renúncia de Bento XVI é "muito mais do que um gesto pessoal e pontual... o gesto desmistificou a figura do papado e sinalizou o imperativo de outro perfil do primado... mais pastoral do que jurídico". Além disso, a atitude do papa "expôs à luz do dia os porões da cúria romana", revelando que estava "envolta em lutas de poder, corrupção e outros escândalos, organismo que tem sido o principal responsável pelo estancamento da renovação conciliar e pelo gradativo processo de involução eclesial nas últimas três décadas".[6] Seu pontificado passará à história "como o momento de crise mais grave, na história da Igreja contemporânea, para a autoridade e a reputação da cúria romana: é um fato que se lê no quadro de cinquenta anos de 'revisões', ou seja, de reformas frustradas".[7]

---

[5] AGAMBEN, Giorgio. *O mistério do mal*. São Paulo: Boitempo/Editora UFSC, 2015, p. 9-11.
[6] BRIGHENTI. Agenor. Perfil pastoral da Igreja que o Papa Francisco sonha. In: SILVA, J. M. (org.). *Papa Francisco. Perspectivas e expectativas de um papado*. Petrópolis: Vozes, 2014, p. 13.
[7] FAGGIOLI, Massimo. Reforma da cúria no Vaticano II e depois do Vaticano II. In: TANNER, N. et alii. *Reforma da cúria romana*. Petrópolis: Vozes, 2014,

Em termos, passada essa turbulência, no dia 13 de março de 2013 foi eleito o Cardeal Bergoglio. Esta sim uma grandiosa surpresa. Um papa latino-americano, argentino e jesuíta, era a obra do Espírito Santo que deixou a grande maioria em estado de êxtase, mas também com uma enorme esperança. O nome escolhido, Francisco, representa um projeto de pontificado e um grande evento de novidade histórica. É o primeiro papa que escolhe esse nome.

Passados já alguns anos, o Papa Francisco fez várias viagens, realizou audiências e recebeu muitas visitas. Seus escritos (encíclicas, exortações, declarações, homilias) e, especialmente, seu testemunho são admirados e seguidos por muitos e rechaçados por uma pequena parcela no interior e no exterior da instituição religiosa católica. É um pontificado de uma revolução da misericórdia e o início de reformas da Igreja.[8] Francisco tem seu alicerce no Concílio Vaticano II (1962-1965) que, por sua vez, bebeu nas fontes da Tradição: Sagrada Escritura, patrística e os Concílios gerais da Igreja.

Devido à importância desse pontificado, o texto aqui apresentado, em síntese, buscará as raízes do pensamento de Francisco nesta temática da piedade popular, conceito

---

p. 38. Confira também: KASPER, W. *El Papa Francisco: revolución de la ternura y el amor*. Maliaño: Sal Terrae, 2015, p. 12-13.

[8] SPADARO, Antonio; GALLI, Carlos María (ed.). *La Riforma e le riforme nella Chiesa*. Brescia: Queriniana, 2017.

forte em Bergoglio. Para isso, serão citados fatos históricos anteriores ao pontificado e diversos textos publicados pelo papa, revelando, assim, a origem de seus escritos, ou seja, além da Tradição, quais seriam as fontes de Francisco? O que pensa sobre a religiosidade popular, ou seria piedade popular?

O estudo está organizado neste formato: o primeiro capítulo versará sobre a força evangelizadora da piedade popular e, sem dúvida, a influência de Paulo VI, através da Exortação *Evangelii Nuntiandi* (1975), será de grande relevância, porém não a única fonte para compreender o gigantismo desse tema em Francisco; o segundo capítulo é sobre a *Teologia do Povo* – teologia argentina que é ponto-chave do pensamento do papa –, sobre quais são seus eixos principais que contribuíram para a conceituação da temática central deste texto. *Teologia do Povo* é Teologia da Libertação? O capítulo terceiro irá expor a mística que surge da base, a mística popular tão importante para o Papa Bergoglio, e o quarto e último capítulo apresentará a influência das Conferências Gerais do Episcopado da América Latina e do Caribe, Medellín (1968), Puebla (1979), Santo Domingo (1992) e Aparecida (2007) nos textos do Papa Francisco, no que se refere à piedade popular.

1
A FORÇA EVANGELIZADORA DA PIEDADE POPULAR

Na teologia latino-americana, a religiosidade popular é definida como a apropriação das crenças religiosas pelas pessoas comuns. É também denominada de piedade popular, fazendo alusão à forma como os empobrecidos vivem a sua religiosidade, em contraste com a religiosidade e os ritos oficiais da Igreja Católica. O vocabulário é diversificado quando se trata desta temática: catolicismo popular, religião do povo, religião dos pobres, religião dos simples. A piedade que se denomina popular é aquela proveniente das "classes excluídas do ter, do poder e do saber". Sendo os seus "gestos rituais, os atos de culto, as peregrinações e as festas, os relatos e as celebrações" partem das "realidades que estas classes populares consideram como próprias e distintas das que caracterizam a religiosidade oficial ou de outras classes no que diz respeito à linguagem, aos gestos concretos, à intensidade emocional e participativa".[1]

---

[1] MATTAI, Giuseppe. Religiosidade popular. In: *Dicionário de Espiritualidade*. São Paulo/Lisboa: Paulinas/Paulistas, 1989, p. 1001.

A Constituição dogmática *Gaudium et Spes* do Concílio Vaticano II define a cultura como "todas as coisas com as quais o homem aperfeiçoa e desenvolve as variadas qualidades da alma e do corpo, o próprio orbe terrestre; torna a vida social mais humana, tanto na família quanto na comunidade civil" (GS 53a). O texto afirma que a cultura apresenta um aspecto histórico e etnológico, pois é necessário considerar a multiplicidade e diversidade cultural (cf. GS 53b).

A questão relativa à cultura estava presente no Vaticano II, mas as questões relativas à religiosidade popular e à libertação não são citadas como função própria da evangelização. Estas duas temáticas foram tratadas na III Assembleia Ordinária do Sínodo dos Bispos (1974), convocada pelo Papa Paulo VI, cujo tema foi "Evangelização no mundo contemporâneo". O episcopado constatou que o tópico da libertação é função própria da ação da evangelização da Igreja em cada cultura.

O cardeal arcebispo de São Paulo, Paulo Evaristo Arns, presente no Sínodo, quando voltou ao Brasil, escreveu que "... a convivência com o povo nos levará, certamente, a modificar os métodos, a disciplina, a linguagem e a própria expressão cultural". E, ainda, "que a cultura seja penetrada pela religião e assim a religiosidade popular já não será empecilho, mas caminho para Cristo".[2] As conclusões do Sínodo foram apresentadas na Exortação apostólica *Evangelii Nuntiandi* (1975)[3] do Papa Paulo VI.

Evangelizar, o que é?

Doravante, será utilizada a expressão "piedade popular", salvo contrário, quando a expressão religiosidade popular for assim denominada dentro de um texto citado. Será utilizada a expressão "piedade popular" tendo presente a Exortação apostólica *Evangelii Nuntiandi*. Paulo VI afirma neste documento que a piedade popular,

> ... traduz em si uma certa sede de Deus, que somente os pobres e os simples podem experimentar; ela torna as pessoas capazes para terem rasgos de generosidade e predispõe-nas para o sacrifício até o heroísmo, quando se trata de manifestar a fé; ela comporta um apurado sentido dos atributos profundos de Deus: a paternidade, a providência, a presença amorosa e constante etc. Ela, depois, suscita atitudes interiores que raramente se observam alhures no mesmo grau: paciência, sentido da cruz na vida cotidiana, desapego, aceitação dos outros, dedicação, devoção etc. Em virtude destes aspectos, nós a chamamos de bom grado "piedade popular", no sentido de religião do povo, em vez de religiosidade (EN 48).

---

[2] ARNS, Paulo Evaristo. *O Evangelho: Incomoda? Inquieta? Interessa?* Sínodo da Evangelização. São Paulo: Loyola, 1975, p. 20.
[3] PAULO VI. Exortação apostólica *Evangelii Nuntiandi* (1975). São Paulo: Paulinas, 2015.

A Exortação apostólica *Evangelii Nuntiandi* (especialmente dos n. 17 a 24) vai impactar diretamente na reflexão sobre a evangelização na América Latina. O documento de Puebla,[4] resultado da III Conferência Geral do Episcopado Latino-americano e do Caribe (DP ano de 1979), cita cento e três vezes a Exortação apostólica que foi o documento pontifício de repercussão mais relevante, depois do Vaticano II, na América Latina.[5]

O reconhecimento das realidades econômicas, culturais e sociais, é fundamental no processo de evangelização, pois é a partir da dimensão concreta de cada povo que a Igreja anuncia o Evangelho: não se deve fazer "tábula rasa" das populações às quais se anuncia o Evangelho, nem ignorar sua história, suas condições sociais, políticas e econômicas e nem sua cultura. Entretanto, partindo dessas dimensões, a Igreja objetiva apresentar a Boa-Nova de modo atraente e contextualizado, valorizando os diversos elementos que formam e caracterizam esses povos, para aí inserir o anúncio de Jesus Cristo.[6] Dessa maneira, "o antigo desprezo que os grupos elitistas sentiam e as condenações demasiado fáceis ou radicais dirigidas contra a piedade do povo, não

---

[4] *Conclusões de Puebla*. São Paulo: Paulinas, 1979.
[5] LA BELLA, G. L'America Latina e il laboratorio argentino. In: RICCARDI, A. (org.). *Il cristianesimo al tempo di papa Francesco*. Roma: Laterza, 2018, p. 37.
[6] SOUZA, Ney; MARTINS, Marcel A. Evangelizar: de Puebla a Francisco. In: SOUZA, Ney; SBARDELOTTI, Emerson (org.). *Puebla: Igreja na América Latina e no Caribe*. Petrópolis: Vozes, 2019, p. 250-251.

podem encontrar apoio algum na reflexão teológica que se mantenha fiel às sugestões do Vaticano II".[7]

No capítulo I da *Evangelii Nuntiandi*, Paulo VI elenca algumas características importantes da evangelização: centralidade do Reino; anúncio da salvação libertadora, sustentada por um processo contínuo de conversão; e testemunhal, feita não apenas por uma pregação incansável (que também é importante), mas também através do testemunho de vida e por sinais e gestos concretos (cf. EN 7-12). Partindo desses elementos, a evangelização em contexto latino-americano, segundo Puebla, deve atentar-se para algumas exigências específicas: a redenção integral, das pessoas e da cultura; a promoção da dignidade humana e a libertação da servidão e idolatria; que o Evangelho penetre no indivíduo e na sociedade; e a formação dos agentes da evangelização (cf. DP 343-346). A piedade popular, escreve o papa, "torna a pessoa capaz de generosidade e de sacrifícios até o heroísmo, quando se trata de manifestar a fé" (EN 48).

Estas temáticas são retomadas pelo Papa Francisco na *Evangelii Gaudium* (EG 2013),[8] que desenvolve a reflexão da evangelização no terceiro capítulo dessa exortação apostólica:

---
[7] MATTAI, op. cit., 1989, p. 1007.
[8] FRANCISCO. Exortação apostólica *Evangelii Gaudium*. São Paulo: Paulinas, 2013.

a evangelização é dever da Igreja. Este sujeito da evangelização, porém, é mais do que uma instituição orgânica e hierárquica; é, antes de tudo, um povo que peregrina para Deus. Trata-se certamente de um *mistério* que mergulha as raízes na Trindade, mas tem a sua concretização histórica num povo peregrino e evangelizador, que sempre transcende toda a necessária expressão institucional (EG 111).

A evangelização, missão de toda a Igreja, povo de Deus, deve estar fincada na concretude das realidades humanas, considerando suas dimensões histórico-culturais. Somente assim, a Boa-Nova do Evangelho poderá concretizar-se, tal como apontou a *Evangelii Nuntiandi* e as Conclusões de Puebla. A dimensão cultural, adverte o Papa Francisco, não pode ser ignorada no processo de evangelização:

> [o] povo de Deus encarna-se nos povos da Terra, cada um dos quais tem a sua cultura própria [...]. Trata-se do estilo de vida que uma determinada sociedade possui, da forma peculiar que têm os seus membros de se relacionar entre si, com as outras criaturas e com Deus. Assim entendida, a cultura abrange a totalidade da vida dum povo. Cada povo, na sua evolução histórica, desenvolve a própria cultura com legítima autonomia (EG 115).

A Boa-Nova do Evangelho, encarnada nos mais diversos rostos culturais, "não ameaça a unidade da Igreja" (EG 117), mas revela sua diversidade e sua inserção nas mais diversas realidades, unida pelo próprio Espírito. Além de ser transcultural (cf. EG 117), manifesta-se de forma diversificada nas culturas dos mais diversos povos. A piedade popular, tão cara aos povos latino-americanos, é uma forma de integração entre a cultura local e a evangelização, um sinal de que o Evangelho foi assumido pela cultura, tal como apontara a *Evangelii Nuntiandi* e o texto de Puebla.

E assim se expressa Francisco afirmando que, "quando o Evangelho se inculturou num povo, no seu processo de transmissão cultural também transmite a fé de maneira sempre nova; daí a importância da evangelização entendida como inculturação" (EG 122). Esse pensamento e a totalidade do programa evangelizador de Francisco podem ser apresentados nesta frase: "Sonho com uma opção missionária capaz de transformar tudo, para que os costumes, os estilos, os horários, a linguagem e toda a estrutura eclesial se tornem um canal proporcionado mais à evangelização..." (EG 27).

A piedade popular, através de uma formação religiosa crítica permanente, é um sinal do processo de evangelização, pois a dimensão da fé e os valores do Evangelho estão penetrados na cultura, tal como apontou o Documento de Puebla (cf. 343-346). A Igreja, o povo de Deus responsável pela evangelização, necessita reconhecer a importância da piedade popular no processo de evangelização, pois, por seu meio, a Boa-Nova do Reino pode inserir-se cada vez mais na cultura e no centro decisório de cada povo. A religiosidade popular forma parte do *sensus fidelium* do povo de Deus (LG 12) e possui um inegável potencial evangelizador (DP 1147).

Na *Evangelli Gaudium*, quando o papa discorre sobre a inculturação do Evangelho, especial acento coloca na piedade popular. A Exortação afirma que, nas culturas populares do povo católico, ainda marcadas por fragilidades, "o ponto de partida para curar e ver-se livre de tais fragilidades é precisamente a piedade popular" (EG 69). Nessa mesma linha, a Exortação apostólica aproxima-se dos postulados da *Teologia do Povo* (esta teologia será tratada num item próprio mais à frente) quando acena que a piedade popular implícita na cultura do povo é viés de evangelização.[9] Nas palavras de Francisco:

> A cultura é algo de dinâmico, que um povo recria constantemente, e cada geração transmite à seguinte um conjunto de atitudes relativas às diversas situações existenciais, que esta nova geração deve reelaborar em face dos próprios desafios. [...] Cada porção do povo de Deus, ao traduzir na vida o dom de Deus segundo a sua índole própria, dá testemunho da fé recebida e enriquece-a com novas expressões que falam por si. Pode dizer-se que "o povo se evangeliza continuamente a si mesmo". Aqui ganha importância a piedade popular, verdadeira expressão da

---

[9] SOUZA, Ney; FERREIRA, Reuberson. A teologia, os teólogos e o pontificado de Francisco. In: *Revista de Cultura Teológica* 91 (2018) p. 196.

atividade missionária espontânea do povo de Deus. Trata-se de uma realidade em permanente desenvolvimento, cujo protagonista é o Espírito Santo. [...]
Na piedade popular, pode-se captar a modalidade em que a fé recebida se encarnou numa cultura e continua a transmitir-se. [...] a piedade popular "traduz em si uma certa sede de Deus, que somente os pobres e os simples podem experimentar",, "torna as pessoas capazes para terem rasgos de generosidade e predispõe-nas para o sacrifício até ao heroísmo, quando se trata de manifestar a fé". Já mais perto dos nossos dias, Bento XVI, na América Latina, assinalou que se trata de um "precioso tesouro da Igreja Católica" e que nela "aparece a alma dos povos latino-americanos" (EG 122-123).

O Papa Francisco insiste na necessária inculturação ao afirmar que "não podemos pretender que todos os povos dos vários continentes, ao exprimir a fé cristã, imitem as modalidades adotadas pelos povos europeus num determinado momento da história", e completa dizendo que a "fé não se pode confinar dentro de limites de compreensão e expressão duma cultura" (EG 118).

Seguindo as orientações do Documento de Aparecida (DAp), resultado da V Conferência Geral do Episcopado Latino-americano e do Caribe, realizada em Aparecida (Brasil), em 2007, o Papa Francisco acrescenta sua fundamentação teológica sobre a piedade popular, refletindo a partir da tríplice articulação do ato de crer segundo Tomás de Aquino.

Não é vazia de conteúdos, mas descobre-se e exprime-os mais pela via simbólica do que pelo uso da razão instrumental e, no ato de fé, acentua mais o *credere in Deum* que o *credere Deum*. [Por essa razão, a piedade popular] "é uma maneira legítima de viver a fé, um modo de se sentir parte da Igreja e uma forma de ser missionários" (DAp 264), comporta a graça da missionariedade, do sair de si e do peregrinar (EG 124).

Para conhecer e reconhecer os empobrecidos e a riqueza da piedade popular será necessário, de acordo com o que Francisco alerta: "o pregador também precisa ouvir o povo, para descobrir o que os fiéis necessitam escutar. Um pregador é um contemplativo da Palavra e também um contemplativo do povo" (EG 154). Um ouvido no povo e outro no Evangelho. A "Igreja sinodal é uma Igreja que escuta, consciente de que 'escutar é mais do que ouvir'" (EG 171).

A Igreja é sabedora de que "é salutar prestar atenção na realidade concreta (escutar a história), porque os pedidos e apelos do Espírito ressoam também nos acontecimentos da história" (*Amoris Laetitia* – AL 31). Graves problemas da instituição religiosa, como clericalismo aliado ao carreirismo, não só são patológicos, mas também impedem a escuta e o mergulho na realidade evangelizadora da piedade popular. Francisco afirma que o clericalismo é "uma tentação muito atual na América Latina". Mas, ao mesmo tempo que critica, ele realiza a seguinte ponderação:

Em nossas terras, existe uma forma de liberdade laical através de experiências de povo: o católico como povo. Aqui, vê-se uma maior autonomia, geralmente sadia, que se expressa fundamentalmente na piedade popular. O capítulo de Aparecida sobre a piedade popular descreve, em profundidade, essa dimensão. A proposta dos grupos bíblicos, das comunidades eclesiais de base e dos Conselhos pastorais se coloca na linha de superação do clericalismo e de um crescimento de responsabilidade laical.[10]

Piedade popular, um lugar teológico

A virada copernicana promovida pelo Vaticano II na eclesiologia, de modo especial através da Constituição *Lumen Gentium*, impacta diretamente na forma de se conceber a missão evangelizadora e seus agentes eclesiais. Ciente desse caráter missionário da Igreja (cf. LG 17), a *Evangelii Nuntiandi* afirma:

> evangelizar constitui, de fato, a graça e a vocação própria da Igreja, a sua mais profunda identidade. Ela existe para evangelizar, ou seja, para pregar e ensinar, ser o canal do dom da graça, reconciliar os pecadores com Deus e perpetuar o sacrifício de Cristo na santa missa, que é o memorial da sua morte e gloriosa ressurreição (EN 14).

---

[10] Discurso do Papa Francisco aos bispos responsáveis do Conselho Episcopal Latino-Americano (CELAM), durante a Jornada Mundial da Juventude no Rio de Janeiro. In: SPADARO, Antonio. *A proposta do Papa Francisco. O futuro rosto da Igreja*. São Paulo: Loyola, 2013, p. 85. Consultar também: FERNÁNDEZ, Victor M. et alii. *De la Misión Continental (Aparecida 2007) a la Misión Universal (JMJ Rio 2013)*. Buenos Aires: Docencia, 2013, p. 287.

A responsabilidade pela evangelização não é apenas da hierarquia da Igreja, mas constitui tarefa de todos os seus membros, num caráter de corresponsabilidade pela missão de anunciar a Boa-Nova. O Papa Francisco, quando estabelece o "programa" da *Evangelii Gaudium*, afirma que "a Igreja [deve ser] vista como a totalidade do povo de Deus que evangeliza" (EG 17 c). Na linha da Conferência de Puebla, Francisco reforça a dimensão eclesial da ação evangelizadora da Igreja, entendida como povo de Deus (cf. EG 111). Fica evidente o caráter eclesial da ação missionária da Igreja, sendo os ministros da evangelização todo o povo de Deus, que é assim resumido pelo papa:

> em todos os batizados, desde o primeiro ao último, atua a força santificadora do Espírito que impele a evangelizar [...]. Cada um dos batizados, independentemente da própria função na Igreja e do grau de instrução da sua fé, é um sujeito ativo de evangelização, e seria inapropriado pensar num esquema de evangelização realizado por agentes qualificados enquanto o resto do povo fiel seria apenas receptor das suas ações (EG 119-120).

O evangelizador-discípulo deve fazer a experiência pessoal com o Mestre, para a partir daí anunciar o Evangelho; deve deixar-se envolver por essa mensagem para anunciá-la com vigor e coerência. Francisco, por sua vez, ressalta a necessidade dessa experiência para manter-se fiel ao projeto missionário:

não se pode perseverar numa evangelização cheia de ardor, se não se está convencido, por experiência própria, de que não é a mesma coisa ter conhecido Jesus ou não conhecê-lo, não é a mesma coisa caminhar com ele ou caminhar tateando, não é a mesma coisa poder escutá-lo ou ignorar a sua Palavra, não é a mesma coisa poder contemplá-lo, adorá-lo e descansar nele ou não o poder fazer (EG 266).

Numa perspectiva de Igreja em saída, o Papa Francisco afirma que "é vital que hoje a Igreja saia para anunciar o Evangelho a todos, em todos os lugares, em todas as ocasiões, sem demora, sem repugnâncias e sem medo". E acrescenta que "A alegria do Evangelho é para todo o povo, não se pode excluir ninguém" (EG 23).

O Papa Francisco, que se alimenta desse maná teológico latino-americano, é testemunha de que a evangelização em Puebla apresenta um processo bastante dinâmico que vai do testemunho da comunidade, que comunica sua experiência de fé na Trindade, passa pelo anúncio explícito da Boa-Nova de Jesus Cristo, pela pregação e a catequese, gerando a fé (conversão, participação no Mistério Pascal de Cristo e construção de seu Reino) e a inserção na comunidade (convivência fraterna e celebração dos sacramentos), que resulta no envio missionário (cf. DP 356-360). Porém, desse processo não está marginalizado o compromisso com a transformação da realidade e a libertação das situações que afastam de Jesus Cristo e seu projeto: "assim a Igreja, em cada um dos seus membros, é consagrada em Cristo pelo Espírito, é enviada a pregar a Boa-Nova aos pobres e a 'buscar e salvar o que estava perdido'" (DP 361).

Nessa sua Exortação de grande importância que é a *Evangelii Gaudium*, Francisco é enfático ao afirmar que "na piedade popular, por ser Fruto do Evangelho inculturado, subjaz uma força ativamente evangelizadora que não podemos subestimar: seria ignorar a obra do Espírito Santo" (EG 126). Continua o papa revelando qual a missão e aprendizado de toda a Igreja em relação à piedade popular:

> Ao contrário, somos chamados a encorajá-la e fortalecê-la para aprofundar o processo de inculturação, que é uma realidade nunca acabada. As expressões da piedade popular têm muito que nos ensinar e, para quem as sabe ler, são um *lugar teológico* a que devemos prestar atenção particularmente na hora de pensar a nova evangelização (EG 126).

Numa das suas primeiras e longas entrevistas, o Papa Francisco apresenta seu pensamento mariano, em que revela a *Teologia do Povo* e, assim, sua abordagem sobre as práticas de piedade dos fiéis. Ele afirma que "é como com Maria: se se quiser saber quem é, pergunta-se aos teólogos; se se quiser saber como amá-la, é necessário perguntá-lo ao povo".[11]

---

[11] *Entrevista exclusiva do Papa Francisco ao Pe. Antonio Spadaro, sj.* São Paulo: Paulus, Loyola, 2013, p. 17.

Sem dúvida, o Papa Francisco, que é um papa do Vaticano II e da Tradição teológica latino-americana, através da piedade popular, apresenta os empobrecidos como mestres e doutores da evangelização e da conversão de todo o povo de Deus. Povo de Deus aqui entendido na tradição do Concílio Vaticano II, todos os batizados. Assim, Francisco afirma que os empobrecidos,

> têm muito para nos ensinar. Além de participar do *sensus fidei*, nas suas próprias dores conhecem o Cristo sofredor. É necessário que todos nos deixemos evangelizar por eles [...]. Somos chamados [...] a escutá-los, a compreendê-los e a acolher a misteriosa sabedoria que Deus nos quer comunicar através deles (EG 198).

Antes de seguir essa reflexão, não é possível esquecer os elementos da piedade popular que estão subjacentes às exposições dos *Exercícios espirituais* de Santo Inácio de Loyola, fundador da Companhia de Jesus. A teologia ali presente é prevalentemente popular. Corresponde à fé do povo simples, sem sutilezas de erudição e sem formação teológica acadêmica. Reflete a piedade popular de Inácio. A cristologia dos *Exercícios espirituais*, por exemplo, é tipicamente franciscana, profundamente arraigada no povo concretamente no ambiente religioso de Guipúscoa e Castela, onde Inácio viveu com sua família.

A maneira de expor os diferentes temas dos *Exercícios* se relaciona com elementos típicos da piedade popular, não só da época de Inácio, mas de todos os tempos. Uma comparação com outros tratados de oração da época confirmaria que o estilo dos *Exercícios* é muito mais popular, simples e sensorial que, por exemplo, o da mística flamenga e renana, muito mais especulativo e metafísico.[12] Inácio tinha a preocupação de respeitar o povo simples, não o escandalizar e não o confundir. Daí afirmar que os *Exercícios espirituais* inacianos constituem um protótipo de espiritualidade ancorada no popular. Naturalmente o Papa Francisco bebe e muito dessa fonte, jesuíta que é.

Devoções e práticas de piedade popular na América Latina

Para entender a mentalidade e as práticas de piedade na atualidade e, por consequência, o testemunho e discurso do Papa Francisco, faz-se necessário apresentar, em síntese, algumas notas desta temática em períodos anteriores. Após a primeira fase da conquista espanhola e portuguesa, serão encontrados elementos importantes no que diz respeito às devoções populares. Aqui serão apresentados dois grupos: devoções cristológicas e mariológicas.

---

[12] CODINA, Victor. A religiosidade popular nos Exercícios espirituais de Santo Inácio de Loyola. *Perspectiva teológica* 19 (1987), p. 360-361.

A veneração da cruz acompanha a história da atual América Latina desde a invasão espanhola e portuguesa. A devoção mais popular foi a veneração à Paixão de Cristo. Houve uma explosão iconográfica estudada posteriormente por vários estudiosos como historiadores e antropólogos. O México produziu muitas imagens relacionadas à Paixão, produzidas por indígenas e brancos, geralmente descendentes em primeiro grau dos europeus. Numa só igreja, Santo André de Ocotlán, há dezessete esculturas relacionadas à Paixão.

Nas procissões da Semana Santa, cada fiel levava o seu crucifixo nas mãos. As titulações cristológicas na geografia da colonização espanhola estão relacionadas às necessidades dos devotos: Nosso Senhor do Precioso Sangue, do Perdão (México), da Saúde (México, Argentina), da Misericórdia (México, Colômbia, Equador – bastante invocada), do Bom Despacho (México), dos Milagres (México, Chile, Peru, Colômbia), da Piedade (México), da Clemência (México), das Maravilhas (México), dos Desamparados (Peru), do Veneno (está relacionada a um senhor que havia tomado veneno e recorreu à sua fé no momento do arrependimento, fato ocorrido na cidade de Michoacán, no México).

Ainda nesse universo cristológico está o culto ao Santíssimo. A mais popular era a festa do Corpus Christi. Às vésperas da festa, a noite tornava-se uma constelação de fogos de artifício. As ruas em que seguia a procissão eram enfeitadas com flores e ervas aromáticas. Grupos de indígenas dançavam. Havia grêmios, confrarias e irmandades com seus estandartes acompanhando o cortejo. A hierarquia acompanhava a festa em que os religiosos levavam a imagem de seus fundadores; o clero e o cabido também participavam do evento. As universidades, o govenador, enfim, o altar e o trono estavam no interior da procissão. Evidentemente, acompanhando o Santíssimo embaixo do pálio. Todas as paróquias construíam tronos para o Santíssimo. Em 1773 havia um desses tronos na Catedral do México. Construído com ouro maciço, cravado de diamantes do Brasil.

Por sua vez, as devoções mariológicas eram fortíssimas no período colonial, estendendo-se de maneiras diferenciadas até o presente. Aquela sociedade viveu compenetrada nesse sentimento profundo de que a Virgem se fazia presente em todas as dificuldades da vida pessoal e social. Ali se encontravam os elementos oficiais da ortodoxia da hierarquia católica e elementos variados das culturas locais.

Na maioria dos relatos das aparições, a Virgem aparece a indígenas, negros. As Virgens, na sua maioria, são morenas. Assim, no passado e na atualidade, a geografia latino-americana está povoada de devoções marianas. A seguir, algumas invocações em que serão apresentados os títulos e, por trás de cada um deles, está contida uma história de enorme importância para a piedade popular e para o entendimento desta na história religiosa atual. Muitos desses títulos são invocados em diversos países da América Latina. São colocados somente alguns para exemplificar a magnitude devocional mariana.

Eis alguns títulos: Nossa Senhora da Aurora (México), da Pobreza (Colômbia), do Raio (Chile, México), da Bala (livrou uma senhora da ira do esposo – México), do Bom Sucesso (Brasil), da Boa Viagem (Argentina, Brasil), da Consolação (Argentina, Brasil, Peru), dos Desamparados (Costa Rica), do Incêndio (Argentina), das Lágrimas (Brasil), da Misericórdia (Argentina, Peru), do Terremoto, Borradora (borrou as assinaturas de juízes que condenaram à morte um inocente – Equador),[13] de Luján (Argentina), Aparecida (Brasil), Nazaré (Brasil), Trinta e Três (Uruguai), de Altagrácia (República Dominicana), de Chinquinquirá (Colômbia), Copacabana (Bolívia), da Caridade (Cuba, Paraguai), do Cobre (Cuba), da Apresentação (Brasil, Colômbia, El Salvador), de Caacupé (Paraguai), das Mercês (Peru), da Paz (Bolívia), de Coromoto (Venezuela), do Perpétuo Socorro (Haiti), do Cisne (Equador), Maria la

---

[13] Para conhecer mais sobre a temáticas das práticas de piedade, consulte: CÁRDENAS, Eduardo. Las practicas piadosas. Los sacramentos. In: BORGES, Pedro (org.). *Historia de la Iglesia en Hispanoamerica y Filipinas*. Madrid: BAC, 1992, p. 361-371.

Antigua (Panamá), de Suyapa (Honduras), de los Angeles (Costa Rica), Rosário (Guatemala), da Divina Providência (Porto Rico), de Guadalupe (México) dentre outras. Dessas invocações, Guadalupe não é só experiência religiosa para os mexicanos, mas para todos os latino-americanos. É a Mãe do Céu Morena, a Senhora da América Latina.

Os empobrecidos do continente enfrentam "o desafio crítico lançado por nossa Mãe compassiva e libertadora aos poderosos de qualquer tempo e lugar na América continua sendo hoje a voz e a força dinâmica dos pobres e dos oprimidos da América, que gemem e lutam por existência humana". E que "a presença de Nossa Senhora de Guadalupe não é um tranquilizante, porém um estimulante que dá sentido, dignidade e esperança aos marginalizados e oprimidos da sociedade atual".[14]

Dessa maneira, é possível compreender essa força evangelizadora da piedade popular ao longo dos séculos no continente latino-americano e sua presença marcante no pensamento do Papa Francisco.

---

[14] ELIOZONDO, V. La Virgen de Guadalupe como símbolo cultural: "el poder de los impotentes". *Concilium* 122 (1977), p. 158-159.

2

TEOLOGIA DO POVO

Nesta parte serão apresentadas algumas notas características da *Teologia do Povo*.[1] A finalidade é encontrar as raízes do pensamento e de gestos do Papa Francisco no eixo da piedade popular, tema central do estudo. Há uma insistente tentativa de associar o papa à imagem de um pastoralista, mais que de um teólogo. Trata-se de uma busca em que possivelmente se quer desqualificar sua capacidade de elaborar uma reflexão teológica e, ao mesmo tempo, associá-lo a alguém que se guia mais por impulso pastoral que por acuidade doutrinal.[2]

Juan Carlos Scannone, jesuíta argentino, é um teólogo de grande destaque na América Latina e de importante influência no pensamento de Bergoglio, tendo sido seu

---

[1] GERA, Lucio. *La Teología Argentina del Pueblo*. Santiago do Chile: Centro Teológico Manuel Larraín, 2015 (especialmente o capítulo V).
[2] CONGRESSO INTERNACIONAL DE TEOLOGIA. *Las Interpelaciones del Papa Francisco a la Teología hoy*. Pontifícia Universidad Javeriana. 18-21 de setembro de 2016. Disponível em: <http://congresoteologia2016.com/file/Ma%20Clara%20Luchetti%20-%20Conferencia%20Principal.pdf>. Acesso em: 29/11/2018 (07h55).

professor. É ele que afirma, citado por Pittaro, que Francisco "não (é) um teólogo profissional, mas um pastor que teologiza".[3] Ideia com a qual outro jesuíta, Victor Codina, também concorda, sustentando que o papa:

> ... não é teólogo profissional e não impõe sua própria teologia, mas é sobretudo pastor, abriu as portas da Igreja. Deseja uma Igreja que saia às ruas e cheire a ovelha, que não exclua, mas que acolha e seja sacramento de misericórdia, uma Igreja que seja dialogante, não autorreferencial, pobre e dos pobres, que viva a alegria do Evangelho e acredite na novidade sempre surpreendente do Espírito.[4]

Não obstante o não profissionalismo do exercício teológico, Francisco é claramente marcado por correntes teológicas que transparecem em seu pontificado e, por esse motivo, transbordam, não sem resistência de alguns, para a Igreja inteira. São conceitos que fundamentam e sustentam sua reflexão. Além do Concílio Vaticano II,[5] o atual bispo de Roma é profundamente marcado pela *Teologia do Povo*, consequentemente pela Teologia da Libertação, haja vista que aquela é considerada uma vertente desta com a peculia-

---

[3] Cf. PITTARO, Esteban. *A Teologia do Povo no Papa Francisco*. Disponível em: <pt.aleteia.org/2014/01/29/a-teologia-do-povo-no-papa-francisco/>. Acesso em: 20/03/2019 (17h35).

[4] Cf. CODINA, Victor. *Os teólogos "malditos" e o Papa Francisco*. Disponível em: <http://www.ihu.unisinos.br/555648-os-teologos-malditos-e-o-papa-francisco-artigo-de-victor-codina>. Acesso em: 20/11/2018 (17h45).

[5] SOUZA, Ney. A Igreja herdada pelo Papa Francisco, um estudo histórico. *Revista de Cultura Teológica* 88 (2016) 173-196.

ridade argentina.[6] Ambas, deve-se dizer, não condicionam o pensamento de Francisco, antes o nutrem. Francisco não é um dos construtores da *Teologia do Povo*, mas o maior intérprete. Scannone, desde os anos 80 do século XX, faz questão de frisar que a *Teologia do Povo* é vertente da Teologia da Libertação, mas não há nada de marxismo nela.

Origens e conteúdo da Teologia do Povo

A *Teologia do Povo* foi gestada na Igreja Latino-americana, particularmente em território argentino. Ela decorre, em última análise, do Concílio Vaticano II; particularmente, na releitura elaborada do Documento de Puebla (386) e do n. 53 da *Gaudium et Spes*, quando trata da cultura. Suas raízes também se encontram no Documento de Medellín e nas encíclicas *Mater et Magistra* (1961) e *Populorum Progressio* (1967), de João XXIII e Paulo VI, respectivamente. João XXIII queria uma Igreja dos pobres, palavras suas numa transmissão radiofônica em setembro de 1962, um mês antes do início do Vaticano II.[7]

Os traços do "Pacto das Catacumbas"[8] também estão presentes nessa Teologia e, é claro, em Francisco. Nesse

---

[6] Cf. SCANNONE, Juan Carlos. El Papa Francisco y la teología del Pueblo. *Fe y Cultura*. t. 271, n. 1395, 2014, p. 37.
[7] JOÃO XXIII. Mensagem radiofônica a todos os fiéis católicos, a um mês da abertura do Concílio. In: *Vaticano II: mensagens, discursos e documentos*. São Paulo: Paulinas, 2007, p. 20-26.
[8] BEOZZO, José O. *Pacto das Catacumbas. Por uma Igreja servidora e pobre*. São Paulo: Paulinas, 2015.

pacto, assinado nas Catacumbas de Santa Domitila (Roma) por quarenta bispos, e posteriormente assumido por cerca de quinhentos bispos, o episcopado declara a necessidade de voltar ao seguimento do Jesus histórico, "uma Igreja serva e pobre", que se diferenciaria pelo "testemunho da fraternidade, justiça e compaixão". Foi no interior desse contexto teológico que a formação de Bergoglio se deu. Francisco tem no centro de sua prática eclesial o compromisso com os pobres (EG capítulo IV), que é desdobramento desse Pacto. E é aí que se encontra a piedade popular, vista como um grande potencial de evangelização.

Comissão Episcopal de Pastoral (COEPAL)

A estruturação da *Teologia do Povo* foi realizada no interior da COEPAL.[9] Comissão criada em 1966 com a finalidade de organizar um Plano Nacional de Pastoral para a Argentina. Era formada por bispos, teólogos, pastoralistas, religiosos e religiosas, entre os quais estavam: o jesuíta, Lucio Gera (1924-2012), e o presbítero da Arquidiocese de Buenos Aires, Rafael Tello (1917-2002).[10] Ambos professores da Universidade Católica da Argentina (UCA). Além

---

[9] GONZÁLEZ, Marcelo. *Reflexión teológica en Argentina (1962-2010). Aportes para un mapa de sus relaciones y desafíos hacia el futuro*. Buenos Aires: Docencia, 2010 (especialmente capítulo 2).

[10] ALBADO, Omar César. La pastoral popular en el pensamiento del padre Rafael Tello. Una contribuición desde Argentina a la teología latino-americana. *Franciscanum* 160 (2013) 219-245.

destes, compunham a Comissão Justino O'Farrell, Gerardo Farrel, Alberto Sily, Fernando Boasso, Enrique Angelelli, Dom Manuel Marengo.

A importância de Lucio Gera é fundamental nessa construção teológica. Quando faleceu o teólogo, o cardeal arcebispo de Buenos Aires, Bergoglio, reconhecendo seu pensamento teológico, decidiu que seu corpo fosse sepultado na cripta da catedral. Na lápide havia esta inscrição: Sacerdote Mestre em Teologia. Iluminou a Igreja na América e Argentina no caminho do Vaticano II (nossa tradução).[11]

É no âmbito dessa Comissão que nasceu a *Teologia do Povo*. Essa perspectiva teológica logrou visibilidade, particularmente na Assembleia de San Miguel (1969),[12] quando o episcopado argentino, pretendendo aplicar de maneira criativa as decisões de Medellín,[13] serviu-se largamente de seus pressupostos. No que se refere à cultura, essa postura foi apropriada pelo Episcopado Latino-americano na III Conferência Geral em Puebla.[14] Nessa Assembleia de 1969,

---

[11] Cf. id. La Teología del Pueblo: su contexto latino-americano y su influencia en el Papa Francisco. *Revista de Cultura Teológica* 91 (2018) 40.

[12] Cf. SCANNONE, Juan Carlos. El papa Francisco y la teología del Pueblo. *Fe y Cultura*. t. 271, n. 1395, 2014, p. 32.

[13] CONFERENCIA EPISCOPAL ARGENTINA. *Documento de San Miguel*: declaración del Episcopado Argentino Sobre la adaptación a la realidad actual del país, de las conclusiones de la II Conferencia General del Episcopado Latinoamericano (Medellín). Disponível em: <http://www.episcopado.org/portal/2000-2009/cat_view/150-magisterio-argentina/25-1960-1969.html>. Acesso em: 27/12/2018 (16h51).

[14] CELAM. *Conclusões da Conferência de Puebla*: evangelização no presente e no futuro da América Latina. 14. ed. São Paulo: Paulinas, 2009, n. 386, 414.

os bispos elaboraram o conhecido "Documento de San Miguel", sendo este um dos textos mais significativos da História da Igreja na Argentina. O texto trata de diversos temas, dentre eles a pastoral popular pensada a partir do povo. A ideia é que o povo já foi evangelizado e este apresenta não apenas "sementes", mas "frutos" do Verbo.

A COEPAL existiu até 1973.[15] Vários de seus membros, após o encerramento de suas atividades, continuaram se reunindo como grupo de reflexão teológica sob a liderança de Gera. Este foi perito em Medellín e Puebla, membro da equipe teológico-pastoral do Conselho Episcopal Latino-Americano, criado em 1955 (CELAM). Tempos depois, foi também membro da Comissão Teológica Internacional. A teologia de Gera está muito mais no âmbito oral do que escrito, sendo que muitas de suas intervenções orais foram gravadas e transcritas.[16]

No contexto da ditadura argentina, nasceram na Universidade de Buenos Aires as Cátedras Nacionais de Sociologia. Havia um elo entre a COEPAL e as Cátedras, Distanciavam-se do liberalismo e do marxismo e encontraram seu âmbito de reflexão na história latino-americana com

---

[15] ALBADO, op. cit. *Revista de Cultura Teologica* 91 (2018) 36-37.
[16] AZCUY, Virginia, R.; GALLI, Carlos, M.; GONZÁLEZ, Marcelo. *Escritos teológicos de Lucio Gera, I: Del preconcilio a la Conferencia de Puebla (1956-1981)*. Buenos Aires: Agape/UCA, 2006; *II: De la Conferencia de Puebla a nuestros días*, 2007.

categorias como povo, antipovo, povos antagônicos a impérios, cultura popular, religiosidade popular, dentre outros temas. Na *Evangelii Gaudium* é citada cento e sessenta e quatro vezes a categoria povo (de Deus, fiel de Deus).

No interior da COEPAL, tratou-se do povo de Deus, categoria bíblica privilegiada pelo Vaticano II (LG) para designar a Igreja. Importante destacar que uma das expressões características do Papa Francisco é a de "povo fiel" (EG 95), cuja fé e piedade populares valoriza imensamente (EG 122-125). Para a Comissão Episcopal não estava apenas em jogo "a emergência do laicato dentro da Igreja, mas também a inserção da Igreja no transcurso histórico dos povos" enquanto sujeitos de história e cultura, receptores, mas também agentes da evangelização, graças à sua fé inculturada.[17]

Teologia do Povo é Teologia da Libertação?

A *Teologia do Povo* possui características próprias. Embora assumida como uma corrente da Teologia da Libertação, distingue-se desta em alguns aspectos. Dentre eles, destaca-se a perspectiva de análise da realidade. Ela não se utiliza, como outras vertentes da Teologia da Libertação, de categorias socioanalíticas, sem relações com o marxis-

---

[17] SCANNONE, Juan C. O Papa Francisco e a Teologia do Povo. Disponível em: <http://www.ihu.unisinos.br/159-noticias/entrevistas/542642-o-papa-francisco-e-a-teologia-do-povo-entrevista-especial-com-juan-carlos-scannone>. Acesso em 14/04/2019. (16h05).

mo. Privilegia, através do método teológico ver-julgar-agir, uma mediação histórico-cultural de entendimento da realidade.[18] Desse ponto decorre a importância da cultura para o conhecimento da realidade e entendimento do mundo, incluso nesse espectro a realidade dos empobrecidos. Assim, a opção pelo pobre deriva da opção pela preservação e potencialização da cultura.[19] A *Teologia do Povo* é uma das vertentes da Teologia da Libertação, afirma Scannone e acrescenta dizendo que este nome foi alcunhado, para criticá-la, por Juan Luís Segundo, teólogo uruguaio e de grande destaque na teologia latino-americana.[20]

No âmbito teológico é uma revalorização da cultura e da piedade popular, tanto argentina quanto de toda a América Latina. A piedade é apresentada como uma forma inculturada da fé cristã católica. A relação dos argentinos com Deus está vinculada à tradição católica, eis o catolicismo popular.

Segundo Scannone, a *Teologia do Povo* não coloca de lado os grandes conflitos sociais da América Latina, mesmo que em sua compreensão de povo privilegie a unidade sobre o conflito. A injustiça institucional e estrutural com-

---

[18] Cf. SOUZA, Ney; FERREIRA, Reuberson. A teologia, os teólogos e o pontificado de Francisco. *Revista de Cultura Teológica* 91 (2018), p. 191.
[19] LUCIANI, Rafael. La Opción Teológico-Pastoral del Papa Francisco. *Perspectiva Teológica*, Belo Horizonte, v. 48. n. 1, jan./abr. 2016, p. 93.
[20] Cf. SCANNONE, Juan C. La teologia de la liberación. Caracteristicas, corrientes, etapas. *Stromata* 48 (1982) 3-40.

preendida como traição a este por uma parte do mesmo que se converte, assim, em antipovo.[21] O jesuíta argentino apresenta algumas características metodológicas dessa Teologia: a utilização da análise histórico-cultural, privilegiando-a sobre a socioestrutural, sem descartá-la; o emprego, como mediação para conhecer a realidade e para transformá-la, de ciências mais sintéticas e hermenêuticas, como da história, da cultura e da religião. Um distanciamento crítico do método marxista e das categorias de compreensão e estratégias de ação que lhe correspondem.[22]

Há ainda convergência entre a *Teologia do Povo* quando a *Evangelii Gaudium* relaciona a piedade popular com temas centrais para ambas, como inculturação do Evangelho (EG 68, 69, 70) e dos "mais necessitados" e sua "promoção social" (EG 70). Distingue as duas do "cristianismo de devoções, próprio de uma vivência individual e sentimental da fé", sem negar, contudo, a necessidade de uma ulterior "purificação e amadurecimento" dessa religiosidade, para a qual "é precisamente a piedade popular o melhor ponto de partida", de acordo com a mesma Exortação. Quando se refere às "relações novas geradas por Jesus Cristo", conecta-as

---

[21] Id. O Papa Francisco e a Teologia do Povo. Disponível em: <http://www.ihu.unisinos.br/159-noticias/entrevistas/542642-o-papa-francisco-e-a-teologia-do-povo-entrevista-especial-com-juan-carlos-scannone>. Acesso em: 15/04/2019 (23h49).

[22] Cf. id. Situación de la problemática del método teológico en América Latina. In: *El método teológico en América Latina*. Bogotá: CELAM, 1994, p. 19-51.

espontaneamente com a religiosidade popular, reconhecendo suas "formas próprias".[23]

Teologia do Povo e Francisco

Um dos grandes e destacados teólogos da *Teologia do Povo*, já apresentado neste texto, é Lucio Gera, bastante presente no pensamento e nos gestos de Francisco. É evidente o reconhecimento do papa a Dom Victor Fernández, citado na *Evangelii Gaudium*. Não citado, mas certamente presente, é Dom Enrique Angelelli, bispo argentino morto durante o período da ditadura militar.

Este é um pontificado repleto de gestos simbólicos. Francisco, numa imagem que lhe é cara, é um verdadeiro poliedro (EG 236) que deve ser visto de maneira plural, com várias facetas. Comentadores afirmam que o papa está escrevendo uma "encíclica dos gestos"[24] ao lado dos documentos formais. Relativo a gestos do Papa Francisco, há alguns que, lidos e interpretados desde uma hermenêutica de uma Igreja em saída (EG 20-24), forjada à luz de conceitos da *Teologia do Povo*,[25] revelam traços da postura teológica

---

[23] Id. O Papa Francisco e a Teologia do Povo, cit. Acesso em: 18/04/2019 (17h14).
[24] MUOLO, Mimi. Papa Francesco e l'enciclica dei gesti. Disponível em: <www.avvenire.it/opinioni/pagine/i-gesti-di-papa-francesco>. Acesso em: 25/01/2019 (15h28).
[25] Obra importante para conhecer e interpretar o pensamento e pontificado do Papa Francisco: SCANNONE, J. C. *La teología del Pueblo. Raíces teológicas del Papa Francisco*. Burgos: Sal Terrae, 2017.

do bispo de Roma. Daí a relação íntima entre a *Teologia do Povo* e o pensamento e os gestos do Papa Francisco.

Sua aguardada aparição na sacada central da Basílica Vaticana de São Pedro (13 de março de 2013) inseria-se no protocolar rito de apresentação e bênção dos pontífices. Francisco, após o anúncio do seu nome pelo decano do colégio dos cardeais, o Cardeal-diácono Jean Pierre Touran, suplicou preces pelo seu antecessor, demonstrou temor e tremor por sua escolha para a missão que recebera, afinal, ele era um "cardeal do fim do mundo". Atestou que presidiria na caridade e na fraternidade a Igreja de Roma, amparado pela proteção da Virgem Maria. Bento XVI também o fez nos mesmos moldes. Vicejou a figura de João Paulo II, considerou-se um frágil instrumento com o qual Deus é capaz de trabalhar e colocou-se sob a proteção de Maria.

Desse ponto de vista, todos esses fatos seriam protocolares e comuns, se, antes de abençoar a multidão, Francisco não tivesse suplicado a bênção de Deus pela mediação do povo. O silêncio ensurdecedor que se seguiu a esse fato, acusa com quanta veracidade o papa invocara essa bênção. A singeleza do gesto denota uma enorme confiança na ação de Deus em meio ao povo fiel, *sensus fidelium*. Tempos depois, na *Evangelii Gaudium*, Francisco cunhará com convicção, quando disse: "A presença do Espírito confere aos cristãos uma certa conaturalidade com as realidades divinas e uma sabedoria que lhes permite captá-las intuitivamente, embora não possuam os meios adequados para expressá-las com precisão" (EG 119). Da mesma forma, ele reassumira isso em seu discurso à Comissão Teológica Internacional, quando exortou os teólogos a perceberem aquilo que o "espírito diz às igrejas através das autênticas manifestações do *sensus fidelium*".[26]

Toda essa explosão simbólica se refere à sua admiração teológica pelo "povo fiel de Deus", e inserida aí está uma mentalidade de conceber a Igreja, o reconhecimento do sentido da fé do povo e o papel do laicato. A expressão "povo fiel" é apresentada na *Evangelii Gaudium*, e nela reconhece como "mistério que mergulha as raízes na Trindade, mas tem a sua concretização histórica num povo peregrino e evangelizador, que sempre transcende toda a necessária expressão institucional" (EG 101, 95). Num texto publicado na Argentina, antes do pontificado, Bergoglio afirma que, quando se quer saber no que crê a Igreja, se deve ir ao magistério, mas, quando se quer saber como crê a Igreja, se deve ir ao povo fiel.[27] É esse povo que anuncia o Evangelho (EG 115).

---

[26] PAPA FRANCISCO. *Discurso aos membros da comissão Teológica Internacional.* Disponível em: <http://w2.vatican.va/content/francesco/pt/speeches/2013/december/documents/papa-francesco_20131206_commissione-teologica.html>. Acesso em: 1/12/2018 (18h07).

[27] BERGOGLIO, Jorge Mario. *Meditaciones para religiosos.* San Miguel: Diego Torres, p. 46ss.

Ao lado desse gesto, uma quantidade significativa de fatos podem ser evocados como representativos de uma postura teológico-pastoral do Papa Francisco. Para citar apenas um mais substancioso, sua deliberada opção pelos frágeis. Quanto à escolha do seu nome, revelam alguns comentadores, ela foi motivada pela deliberação de Bergoglio, mas também pelo sussurrar do Cardeal Cláudio Hummes (São Paulo, Brasil), que lhe pediu que não esquecesse os pobres. De fato, Francisco, ao longo destes anos de pontificado, avalizou uma opção por entender a realidade a partir da cultura, porém, dando visibilidade aos que dela são excluídos.[28]

Assim, sua visita à ilha de Lampedusa, Itália (8 de julho de 2013); suas reiteradas idas a centros de acolhida de refugiados na Itália; sua ida à favela de Manguinhos no Rio de Janeiro (25 de julho 2013); a denúncia do genocídio dos armênios; seu encontro com vítimas de abusos sexuais nos Estados Unidos, estes entres tantos fatos revelam a centralidade que ele põe na defesa dos mais vulneráveis na cultura dominante. Essa postura transformar-se-á em ensinamento magisterial, como lê-se na *Evangelii Gaudium* (EG 48, 53, 186, 197-201), na *Misericordiae Vultus*[29] ou na denúncia das causas da pobreza apresentadas na *Laudato Si'*.[30]

---

[28] SOUZA, Ney; FERREIRA, Reuberson, op. cit., p. 193, 194.
[29] PAPA FRANCISCO. *Misericodiae Vultus (MV): Bula de Proclamação do Jubileu Extraordinário da Misericórdia*. São Paulo: Paulus. Loyola, 2015, n. 09.
[30] Id. *Laudato Si': sobre o cuidado com a Casa comum* (LS). São Paulo: Paulus/Loyola, 2015, n. 106-114.

Nos seus documentos oficiais, particularmente nas Exortações apostólicas e nas Encíclicas, Francisco, em boa medida, deixa aparecer aspectos da *Teologia do Povo*, que é um dos pilares do seu pontificado. A Exortação apostólica *Evangelii Gaudium*, a carta programática do atual papado (EG 1, 25), possui forte acento pessoal do bispo de Roma e, por isso, revela alguns elementos de contato entre a *Teologia do Povo* e o magistério do autonomeado "Papa do Fim do Mundo".[31] Nela, questões como a temática do povo fiel, da piedade popular e dos pobres eclodem de maneira patente.

É importante perceber que Francisco aplica essa *Teologia do Povo* não somente no simples desejo de mudar a ação pastoral da Igreja. O papa está interessado em construir uma mentalidade e práxis novas no âmbito eclesiológico. É urgente reconhecer os efeitos graves da crise institucional e voltar ao caminho traçado pelo Vaticano II. Essa visão eclesiológica é inspirada na *Teologia do Povo*, que compreende a ação pastoral com a inserção da Igreja na realidade dos empobrecidos na dinâmica de reconhecer os valores que emergem desses setores, inclusive e, principalmente, da piedade popular.

---

[31] Cf. id. *Bênção apostólica "urbi et orbi", sacada central da basílica Vaticana.* Quarta-feira, 13 de março de 2013. Disponível em: <https://w2.vatican.va/content/francesco/pt/speeches/2013/march/documents/papa-francesco_20130313_enedizione-urbi-et-orbi.html>. Acesso em: 7/11/2018 (1h54).

A opção pelos empobrecidos evita a separação entre fé e vida, fé e pesquisa acadêmica e, por consequência, não separa ação pastoral e social. A revalorização realizada por Francisco, da piedade popular (EG 90), é pensamento típico da *Teologia do Povo*. Vai se acercando do mundo dos empobrecidos, favorecendo seu ingresso, menos rígido e mais acomodado à situação das outras pessoas. Procura resgatar os valores culturais escondidos na dor e na pobreza desse imenso setor marginalizado.

Na encíclica *Laudato Si'*, Francisco analisa essa relação disfuncional entre a academia e a realidade dos empobrecidos. O papa apresenta a situação numa visão geral, mas, de uma certa maneira, é útil para aqueles que estão envolvidos com a pesquisa teológica.

> Isto deve-se, em parte, ao fato de que muitos profissionais, formadores de opinião, meios de comunicação e centros de poder estão localizados longe deles, em áreas urbanas isoladas, sem ter contato direto com os seus problemas. Vivem e refletem a partir da comodidade dum desenvolvimento e duma qualidade de vida que não está ao alcance da maioria da população mundial. Esta falta de contato físico e de encontro [...] ajuda a cauterizar a consciência e a ignorar parte da realidade em análises tendenciosas (LS 49).

A *Teologia do Povo* é construída a partir dos ausentes da história, que nela não são mais ausentes e, sim, protagonistas. Nela a piedade popular tem uma grandiosa centralidade. São os empobrecidos os seus agentes, e agentes de evangelização. Dessa forma, está no pensamento e nos gestos de Francisco essa *Teologia*.

Evangelização da cultura e a inculturação do Evangelho

Em 1985, quando Bergoglio era reitor das Faculdades de San Miguel (Argentina), organizou o I Congresso sobre a Evangelização da Cultura e a Inculturação do Evangelho. Na sua Conferência,[32] discorreu sobre o tema da inculturação, citando o Padre Pedro Arrupe, que fora superior-geral da Companhia de Jesus (1963-1983) e pioneiro no uso desse neologismo. Assim, quando Francisco escreve ou fala do povo de Deus, refere-se a seu "rosto pluriforme" (EG 116) e à sua "multiforme harmonia" (EG 117), devido à diversidade das culturas que o enriquecem, pois, "o cristianismo não dispõe de um único modelo cultural..." (EG 116). Afirma, na esteira da *Teologia do Povo*, como citado mais acima, que o "... Espírito Santo confere sabedoria (aos fiéis), dotando-os com um instinto de fé... (EG 119). E, "o próprio rebanho possui o olfato para encontrar novas estradas" (EG 21). Vários desses números, particularmente o 117, revela

---

[32] BERGOGLIO, Jorge Mario. Discurso inaugural. In: CONGRESO INTERNACIONAL DE TEOLOGÍA "EVANGELIZACIÓN DE LA CULTURA E INCULTURACIÓN DEL EVANGELIO". *Stromata* 61 (1985) 3-4, p. 161-165.

um pensamento originário das reflexões de Tello, Gera e Scannone.

A evangelização das culturas requer uma inculturação do Evangelho, que se dá ao se inserir, pessoal e institucionalmente, no interior da vida das pessoas que vivem à margem da sociedade, mergulhando na sua piedade, buscando juntos, na ligação fé e vida, possibilidades de mudança econômica e política. Torna-se altamente necessária a reflexão que Francisco envia em carta ao Cardeal Aurélio Poli (Buenos Aires) para marcar o 100º aniversário da Pontifícia Universidade Católica Argentina:

> Não se conformem com uma teologia de gabinete. O lugar das reflexões de vocês são as fronteiras. E não caiam na tentação de pintá-las, perfumá-las, ajustá-las um pouco e domesticá-las. Também os bons teólogos, como os bons pastores, cheiram a povo e a rua e, com sua reflexão, derramam unguento e vinho nas feridas dos homens.[33]

A teologia é elaborada a partir e no interior das culturas, no símbolo e significado das expressões da piedade popular do povo sofrido em todas as fronteiras da casa comum. De acordo com Scannone, "o povo de Deus e os povos da terra" são temas centrais da *Teologia do Povo*. A cultura tem papel

---

[33] Disponível em: <http://www.ihu.unisinos.br/noticias/540633-nao-se-conformem-com-uma-teologia-de-gabinete-pede-francisco-aos-futuros-teologos>. Acesso em: 14/04/2019 (23h53).

fundamental nessa reflexão, pois é a partir da cultura que se concebe o povo. "Daí a importância que tem para a Teologia do Povo a evangelização da cultura e a inculturação do Evangelho; é uma questão teológica e pastoral, e isso é muito Bergoglio",[34] afirma o jesuíta.

O atual reitor da Universidade Católica do Panamá categoricamente afirma que "evangelizar *a* e a partir da cultura/religiosidade popular é, sobretudo, evangelizar *a* e a partir dos pobres. Deixar-se evangelizar *pela* cultura/religiosidade popular é deixar-se evangelizar pelos pobres". Continua e esclarece que "a evangelização libertadora também é ao mesmo tempo inculturação e opção preferencial pelos pobres".[35]

Contudo, o papa não é ingênuo e não ignora "que nas últimas décadas, houve uma ruptura na transmissão da fé cristã ao povo católico" (EG 122). Francisco não só ausculta suas causas (EG 70), mas aposta na pastoral urbana (EG 71-75), pois "Deus vive na cidade" (DAp 514), embora a sua presença deva ser "descoberta, desvendada" (EG 71), não em último lugar, "nos 'não citadinos', nos 'meio citadinos', nos 'sobrantes urbanos'" (EG 70).

---

[34] SCANNONE, Juan. In: <https://pt.aleteia.org/2014/01/29/a-teologia-do-povo-no-papa-francisco/>. Acesso em: 17/04/2019 (15h01).
[35] KELLER, Miguel A. A Conferência de Puebla: contexto, preparação, realização, conclusões, recepção. In: PASSOS, João D.; BRIGUENTI, A. (org.). *Compêndio das Conferências dos Bispos da América Latina e Caribe*. São Paulo: Paulus/Paulinas, 2018, p. 90.

3
MÍSTICA POPULAR

A abordagem teológico-pastoral do Papa Francisco é inspirada em sua experiência social, eclesial e teológica na América Latina. O papa introduz no magistério universal uma noção originária da teologia latino-americana, especialmente da *Teologia do Povo*: a mística popular.

O tema da piedade e da mística popular, luminares da *Teologia do Povo*, aparecem na *Evangelii Gaudium,* quando o papa reflete sobre a inculturação do Evangelho, e especial acento ele coloca na piedade popular. A Exortação testifica que, nas culturas populares do povo católico, ainda marcada por fragilidades, "o ponto de partida para curar e ver-se livre de tais fragilidades é precisamente a piedade popular" (EG 69). Nessa mesma linha, a *Evangelii Gaudium* aproxima-se dos postulados da *Teologia do Povo*, quando acena que a piedade popular implícita na cultura do povo é viés de evangelização.

A mística vivida e aprendida nas culturas populares, especialmente a experiência do povo empobrecido, transforma-se num novo centro e fonte de reflexão teológica (EG 126). Francisco cita o Documento de Aparecida (DAp 262) e afirma que

> naquele amado continente, onde uma multidão imensa de cristãos exprime a sua fé através da piedade popular, os bispos chamam-na também "espiritualidade popular" ou "mística popular". Trata-se de uma verdadeira "espiritualidade encarnada na cultura dos simples" (DAp 262; EG 124, 237).

O papa continua e cita textualmente o Documento de Aparecida, ao dizer que "o caminhar juntos para os santuários e o participar em outras manifestações da piedade popular, levando também os filhos ou convidando a outras pessoas, é em si mesmo um gesto evangelizador" (DAp 264; EG 124). E adverte: "não limitemos nem pretendamos controlar esta força missionária" (EG 124), pois é "manifestação de uma vida teologal animada pela ação do Espírito Santo (EG 125). Assim, os empobrecidos são sujeitos e protagonistas da sinodalidade da Igreja.[1]

Ser Igreja a partir dos empobrecidos

Essas reflexões conduzem a Igreja a vivenciar seu modo de ser num lugar mais adequado em relação à sua presença, seja pastoral, seja acadêmica: no meio dos empobrecidos. A instituição é chamada a deixar-se evangelizar pela mís-

---

[1] MIRANDA, Mario de França. *Igreja sinodal*. São Paulo: Paulinas, 2018, p. 45.

tica popular, pois esta "mística popular acolhe, a seu modo, o Evangelho inteiro e encarna-o em expressões de oração, de fraternidade, de justiça, de luta e de festa" (EG 237). Nas duas últimas décadas, a instituição religiosa ganhou muita visibilidade, mas perdeu muita credibilidade. Se quer ser luz, sal, fermento na atualidade, faz-se necessário voltar às suas fontes, por primeiro à centralidade do Evangelho, não abandonando os empobrecidos, pois é ali que se encontra o rosto do Cristo, nas feições de tantos irmãos e irmãs (DP 31-40).

Os empobrecidos se relacionam nesse formato com Deus, apresentando suas necessidades, alegrias e anseios. Esse modo de viver pode evangelizar a sociedade latino-americana fragmentada diante de um enorme individualismo. Realidade de idolatria do dinheiro que poderá ser superada, se houver um gigantesco trabalho para o bem comum, assumindo uma opção pelos pobres. Nesse sentido, a Igreja é urgentemente chamada a ser uma "Igreja pobre para os pobres". Havendo essa ação, adentra-se na mística do bem viver que se traduz em relações humanizantes. Francisco apresentou essa experiência numa alocução em Santa Cruz de la Sierra, na Bolívia (09/07/2015).

> Apego ao bairro, à terra, à profissão, à corporação, este reconhecer-se no rosto do outro, esta proximidade no dia a dia, com as suas misérias, porque elas existem, temo-las nós mesmos, e os seus heroísmos cotidianos, é o que permite realizar o

mandamento do amor, não a partir de ideias e conceitos, mas a partir do genuíno encontro entre pessoas, precisamos instaurar esta cultura do encontro, porque não se amam os conceitos, nem as ideias, ninguém ama um conceito, ninguém ama uma ideia; ama-se as pessoas.[2]

É essa mística popular o lugar teológico que contribui para o rompimento do muro existente entre teologia popular e acadêmica, a fé dos empobrecidos e a organização da instituição eclesiástica e sua liturgia oficial. Nessa alocução estão vários elementos da *Teologia do Povo*, o citado acima e a ideia de que os povos são os construtores de sua própria história.

A base de Bergoglio, apresentada agora em Francisco, é o pensamento inaciano. Santo Inácio não separa um tempo para a contemplação e outro para a prática pastoral. Relata França Miranda que o fundador da Companhia de Jesus, "baseado em sua experiência pessoal", desenvolverá uma "mística da ação" que é "caracterizada por buscar a Deus em todas as coisas". A finalidade é a "reta intenção de buscar a Deus e não seus interesses nas atividades que empreende". Dessa maneira, " a sintonia entre a vontade de Deus e a iniciativa da pessoa proporciona a esta última uma experiência

---

[2] <http://w2.vatican.va/content/francesco/pt/speeches/2015/july/documents/papa-francesco_20150709_bolivia-movimenti-popolari.html>. Acesso em: 18/04/2019 (1h17).

peculiar de encontrar a Deus em meio às ocupações e aos trabalhos exigidos pela própria missão".[3]

Esse "Deus pode ser encontrado em qualquer setor da realidade da vida", inclusive e também na piedade popular, "desde que meu olhar e minha atividade sintonizem com sua vontade, a saber, que aconteçam para a maior glória de Deus". As práticas de piedade da fé católica naturalmente devem levar à modificação da vida dos fiéis, ao contrário, é pura hipocrisia, alienação ou/e instrumentalização da religião. Essa mística da ação, presente na espiritualidade do Papa Francisco, leva ao respeito às diferenças e à visibilidade dos empobrecidos.

---

[3] MIRANDA, Mário de França. Francisco: papa e jesuíta. In: PASSOS, João D.; SOARES, Afonso, M. L. (org.). *Francisco, renasce a esperança*. São Paulo: Paulinas, 2013, p. 142-143.

4

PIEDADE POPULAR E AS CONFERÊNCIAS DO EPISCOPADO LATINO-AMERICANO E DO CARIBE

Cinco Conferências do Episcopado Latino-americano e do Caribe já foram realizadas desde a criação do CELAM, sendo a primeira delas a do Rio de Janeiro (1955).[1] Nesse capítulo serão abordadas as quatro Conferências realizadas no período posterior ao Vaticano II, com temáticas bem diferentes da primeira, que tratava especialmente da escassez de clero. Esse magistério da Igreja Latino-americana é enormemente relevante e reconhecido nos gestos, pensamento e escritos do Papa Francisco. Daí a importância de revisitá-lo no que é a elaboração da piedade popular. É evidente que essa síntese não esgota essa rele-

---

[1] SOUZA, Ney. Do Rio de Janeiro (1955) a Aparecida (2007). Um olhar sobre as Conferências Gerais do Episcopado da América Latina e Caribe. *Revista de Cultura Teológica* 64 (2008) 127-146.

vante e longa temática, mas revela uma das fontes em que o Papa Francisco se alimenta, a teologia latino-americana.

Medellín (1968) e a Pastoral das Massas

> Ao julgar a religiosidade popular, não podemos partir de uma interpretação cultural ocidentalizada das classes médias e alta urbanas e, sim, do significado que essa religiosidade tem no contexto da subcultura dos grupos rurais e urbanos marginalizados (Med 6, I).
>
> Na piedade popular, pode-se captar a modalidade em que a fé recebida se encarnou numa cultura e continua a transmitir-se. Vista por vezes com desconfiança, a piedade popular foi objeto de revalorização nas décadas posteriores ao Concílio (EG 123).

De 24 de agosto a 6 de setembro de 1968, realizou-se em Medellín, na Colômbia, a II Conferência Geral do Episcopado Latino-americano e do Caribe. O tema central foi: "A Igreja na atual transformação da América Latina à luz do Concílio".

Medellín foi um momento decisivo na história do catolicismo latino-americano. Pela primeira vez, o catolicismo tomou consciência da gravíssima situação de injustiça social e, com voz profética, criticou uma situação de violência institucionalizada.

O Papa Paulo VI veio à América Latina para inaugurar a Conferência de Medellín. Nos três dias previstos para sua estada em Bogotá, realizou vinte e uma alocuções a diferentes públicos. No discurso de abertura da Conferência, apresentou a recomendação de uma atenção à Doutrina Social da Igreja e às recentes declarações do episcopado e de congregações religiosas, especialmente os jesuítas e salesianos, sobre as questões sociais. O dever da Igreja, segundo o papa, é afirmar os valores primordiais de justiça e do bem comum, formar sacerdotes que ajudem a enfrentar e a sanar as dificuldades sociais.[2]

O extremo empobrecimento da população, as injustas condições de vida e a violência institucionalizada que grassavam eram a marca que definia a realidade desse território. É nesse sentido que o episcopado em Medellín assumiu como imperativo de ação a consolidação da justiça, a promoção da paz, a educação libertadora e uma Igreja pobre em defesa dos empobrecidos.

O capítulo VI de Medellín é dedicado à religiosidade popular. O texto traz críticas fortes ao tema (Med 6, 2; 6, 4; 6, 5), porém apresenta pontos positivos quando essa religiosidade apresenta "uma enorme reserva de virtudes autenticamente cristãs, especialmente no que diz respeito à caridade" (Med 6, 2). Apesar do ar de desconfiança, o episcopado deixa entrever a valorização, quando relata que "esses tipos

---

[2] Id. Notas sobre os antecedentes históricos da Conferência de Medellín. In: SOUZA, Ney; SBARDELOTTI, Emerson (org.). *Medellín: memória, profetismo e esperança na América Latina e no Caribe*. Petrópolis: Vozes, 2018, p. 23-40.

de religiosidade podem ser, entretanto, balbucios de uma autêntica religiosidade, expressa com os elementos culturais de que dispõe" (Med 6, 4). E ainda, em relação à liturgia, o documento leva a concluir que há uma estreita relação entre liturgia, vida, celebração e compromisso histórico.

A inserção de parte dos padres e teólogos no interior dos lugares de moradia dos empobrecidos resultou na valorização de sua religiosidade. Assim, não era mais ignorância, alienação, mas ali estavam os germes de sabedoria e libertação. E, desse modo, Medellín valorizou a religiosidade popular. Ela é outra cultura.[3]

A *Evangelii Nuntiandi* (1975), como já foi apresentada neste texto e publicada sete anos após Medellín, seguirá o caminho de valorizar a piedade popular e romper com preconceitos (EN 48).

O Papa Francisco enaltece a força evangelizadora da piedade popular e aponta que essa é "uma realidade em permanente desenvolvimento, cujo protagonista é o Espírito Santo" (EG 122). É necessário compreender a piedade popular, e o papa afirma que é vital ter o olhar do Bom Pastor e ter uma conaturalidade afetiva para apreciar a vida teologal presente na piedade dos empobrecidos (EG 125). Esse reconhecimento e respeito pela cultura e piedade latino-

---

[3] Cf. LIBANIO, João B. *Conferências Gerais do Episcopado Latino-Americano*. Do Rio de Janeiro a Aparecida. São Paulo: Paulus, 2007, p. 24.

-americana já estavam presentes em Bergoglio, quando fazia uma hermenêutica da cultura, estando próximo daqueles que "foram encorajados a pensar a América a partir da América e como latino-americanos".[4] O então arcebispo de Buenos Aires "sempre expressou sua pertença eclesial, cultural e política à América Latina".[5] O n. 6 de Medellín, Pastoral das Massas, é dedicado inteiramente ao tema da religiosidade popular.

E continua no meio das diversas culturas latino-americanas "a pobreza de tantos irmãos (que) clamam por justiça, solidariedade, testemunho, compromisso, esforço e superação para cumprimento pleno da missão salvífica confiada por Cristo" (Med 14, 7). Francisco constata que "deriva da nossa fé em Cristo, que se fez pobre e sempre se aproximou dos pobres e marginalizados, a preocupação pelo desenvolvimento integral dos mais abandonados da sociedade. Unidos a Deus, ouvimos um clamor" (EG 186). E segue instando que "a Igreja reconheceu que a exigência de ouvir este clamor deriva da própria obra libertadora da graça em cada um de nós, pelo que não se trata de uma missão reservada apenas a alguns..." (EG 188). Nesse meio é que se vive a piedade popular que evangeliza a toda América Latina.

---

[4] BERGOGLIO, Jorge M. Prólogo. In: PODETI, A. *Comentario a la introducción a la Fenomenología del Espíritu*. Buenos Aires: Biblos, 2007, p. 13.
[5] GALLI, Carlos María. Sinodalidade latino-americana e o Papa Francisco. In: PASSOS, João D.; BRIGUENTI, A. (org.), op. cit., p. 207.

Puebla (1979) e a inculturação do catolicismo

> A oração particular e a piedade popular, presentes na alma do nosso povo, constituem valores de evangelização... (DP 895).
>
> As expressões da piedade popular têm muito que nos ensinar... (EG 126).

De 27 de janeiro a 13 de fevereiro de 1979, realizou-se em Puebla de los Angeles (México) a III Conferência Geral do Episcopado Latino-Americano e do Caribe. O tema da Conferência tem como alicerce a Exortação apostólica *Evangelii Nuntiandi* (1975) do Papa Paulo VI, "A evangelização no presente e no futuro da América Latina". O Concílio Vaticano II e a Conferência de Medellín são também eventos fundamentais para Puebla, mas não resultaram num comprometimento maior em relação a Medellín. A Conferência foi aberta pelo Papa João Paulo II.

A Conferência trata dessa temática da piedade, apresentada como catolicismo popular, piedade popular e religião do povo; o episcopado faz esta afirmação:

> Entendemos... como o conjunto de crenças profundas marcadas por Deus, das atitudes básicas que derivam dessas concepções e expressões que as manifestam. [...]. A religião do povo latino-americano, em sua forma mais característica, é expressão da fé católica. É um catolicismo popular (DP 444).

O jesuíta França Miranda observa que "em 1979 as atenções estavam mais voltadas para a evangelização da cultura e pouco se falava da inculturação da fé, a tal ponto que não encontramos este termo no documento de Puebla". Por sua vez, "hoje sabemos que evangelização da cultura e inculturação da fé são processos que se implicam mutuamente". O teólogo observa que, "embora sem merecer um tratamento adequado, o tema da inculturação da fé não deixa de aflorar diversas vezes em Puebla".[6]

A influência de Lucio Gera e de Puebla se revela nesse pontificado, por exemplo, quando Francisco ensina que "só a partir da conaturalidade afetiva que dá o amor é que podemos apreciar a vida teologal presente na piedade dos povos cristãos, especialmente os pobres" (EG 125).

O Episcopado Latino-americano reconhece o "potencial evangelizador" dessas experiências populares da fé católica (DP 1147). O Papa Francisco foi bispo de uma megalópole. Ali já se percebia o deslocamento familiar do meio rural para o urbano, acontecendo aí uma nova configuração social. Em Puebla se afirma que a religiosidade popular enfrenta grandes desafios (DP 460). Fazia-se necessário reinventar sua prática religiosa (DP 466), e ressurge a piedade popular. Não obstante os desafios, a piedade popular é de raiz católica (DP 7, 331, 1099, 1100), é força

---

[6] MIRANDA, Mario de F. Fé e cultura em Puebla. In: SOUZA, Ney; SBARDELOTTI, Emerson (org.). *Puebla: Igreja na América Latina e no Caribe*. Petrópolis: Vozes, 2019, p. 93.

de autoevangelização (DP 450, EG 122) e de autolibertação (DP 452, 935, 937, 962).

O episcopado, em 1979, declarou que, após um criterioso discernimento, a religiosidade popular deve ser assumida inclusive integrando a liturgia da Igreja (DP 469, 457, 506).

O Documento de Puebla afirma que "a piedade popular conduz ao amor de Deus e dos homens e ajuda as pessoas e os povos a tomarem consciência de sua responsabilidade na realização do próprio destino". E sustenta que "a autêntica piedade popular, baseada na Palavra de Deus, encerra valores evangelizadores que ajudam a aprofundar a fé do povo" (DP 35). E fica claro que, para que a Igreja possa "evangelizar os ricos" (DP 1156) e "evangelizar o poder" (DP 144, 515), é necessário estar em comunhão com os pobres, assumindo a "denúncia profética" (DP 1138).

O arcabouço produzido em Medellín e Puebla levou Bergoglio cada vez mais a se enfronhar no mundo dos empobrecidos. O processo de reforma da Igreja está intimamente ligado com a opção pelos pobres. E essa realidade teológica o jesuíta argentino leva para o interior de seu exercício como bispo de Roma. Afirma que "o coração de Deus tem um lugar preferencial para os pobres, tanto que até ele 'tornou-se pobre' (2Cor 8,9)" (EG 197). Francisco sonha e promove uma Igreja pobre e para os pobres (EG 198).

Santo Domingo (1992) e a expressão da fé católica

> ... se deverá colocar uma especial atenção à valorização da piedade popular, que encontra sua expressão especialmente na devoção à Santíssima Virgem, às peregrinações aos santuários e às festas religiosas iluminadas pela Palavra de Deus (SD 53).
>
> (Há) uma carga imensa de esperança numa vela que se acende, numa casa humilde para pedir ajuda a Maria, ou nos olhos de profundo amor a Cristo crucificado. Quem ama o povo fiel de Deus, não pode ver estas ações unicamente como uma busca natural da divindade... é uma vida teologal... (EG 125).

A IV Conferência Geral do Episcopado Latino-americano e do Caribe realizou-se de 12 a 28 de outubro de 1992, na cidade de Santo Domingo, República Dominicana. O tema da Conferência foi "Nova evangelização. Promoção humana. Cultura cristã". Essa Conferência foi aberta pelo Papa João Paulo II.

Em Santo Domingo, o episcopado apresenta uma consciência da importância das culturas ameríndias e afro e da religiosidade popular, sendo este um espaço de evangelização através da inculturação. Reafirma o valor da religiosidade popular (SD 20, 24, 30, 172, 248). Este foi, segundo Libanio, um dos pontos positivos da Conferência imersa em uma série de problemas como a posição conservadora espiritual.[7] Em Santo Domingo, a Igreja compreenderá

---

[7] LIBANIO, op. cit., p. 33.

a nova evangelização como integradora, e explicita as suas projeções culturais e sociais. Uma evangelização inculturada que reflete no rosto e imagem da Virgem de Guadalupe (SD 15, 243, 297, 302). O "povo de Deus está encarnado nos povos da terra, cada um dos quais tem sua cultura própria" (EG 115). Nesses diferentes povos, a Igreja vive sua catolicidade (cf. EG 116).

Aparecida (2007), piedade popular valorizada na oficialidade

> A piedade popular é "imprescindível ponto de partida para conseguir que a fé do povo amadureça e se faça mais fecunda" (DAp 262; Congregação para o Culto Divino e a Disciplina dos Sacramentos. *Diretório sobre a piedade popular e a Liturgia*, n. 64). Não podemos desvalorizar a espiritualidade popular ou considerá-la como modo secundário da vida cristã... A piedade popular contém e expressa um intenso sentido de transcendência... (DAp 263). A piedade popular é uma maneira legítima de viver a fé (DAp 264).
> No *Documento de Aparecida*, descrevem-se as riquezas que o Espírito Santo explicita na piedade popular por sua iniciativa gratuita (EG 124).

A V Conferência Geral do Episcopado Latino-americano e do Caribe foi realizada entre os dias 13 a 31 de maio de 2007 na cidade de Aparecida, Brasil. O tema escolhido foi "Discípulos e missionários de Jesus Cristo, para que nele nossos povos tenham vida. 'Eu sou o Caminho, a Verdade e a Vida' (Jo 14,6)". Essa Conferência foi aberta pelo Papa Bento XVI.

Na V Conferência, o arcebispo de Buenos Aires, Cardeal Bergoglio, já presidente da Conferência Episcopal Argentina, foi eleito presidente da comissão estratégica de redação do documento. Assim, fica claro o apreço e as tantas citações desse documento por parte do Papa Francisco. A Assembleia reafirmou a opção pelos pobres (DAp 128, 397-399), que Bergoglio vivia na sua ação pastoral na Argentina e que levou para seu exercício como bispo de Roma, criando inclusive o Dia Mundial dos Pobres.[8]

O episcopado apresenta a piedade popular como lugar de encontro com Jesus Cristo. Convida todos a promover e proteger esse tesouro da alma dos povos latino-americanos (cf. DAp 446, 447; EG 123-124). Os fiéis têm uma sede de Deus que somente os pobres e simples podem conhecer (cf. DAp 258).

O Documento de Aparecida denomina "expressões dessa espiritualidade" as festas patronais, as novenas, os rosários e via-sacras, as procissões, as danças e os cânticos do folclore religioso, devoção aos anjos e santos, as promessas, as orações em família. Afirma que se dá um destaque para as peregrinações "onde é possível reconhecer o povo de Deus

---

[8] <https://www.youtube.com/watch?v=mCpVZbLtbfo>.

a caminho" (cf. DAP 259). Nos santuários, os peregrinos tomam decisões que marcam sua vida. Estão impregnadas nas paredes dos santuários diversas "histórias de conversão, de perdão e de dons recebidos que milhões poderiam contar" (cf. DAp 260).

A piedade popular está presente no cotidiano da existência de cada fiel, nos momentos mais diferentes de sua vida. Tudo através das devoções, orações. E "é verdade que a fé que se encarnou na cultura pode ser aprofundada e penetrar cada vez mais na forma de viver de nossos povos" (cf. DAp 261, 262; EG 124). O texto recorda, inúmeras vezes, a importância das manifestações em torno da piedade eucarística e das devoções marianas (cf. DAp 271, 274, 300).

A orientação de Aparecida é não desvalorizar a espiritualidade popular ou considerá-la como modo secundário de vida cristã... A piedade expressa um intenso sentido da transcendência. A piedade popular é uma espiritualidade cristã, um encontro pessoal com o Senhor. Espiritualidade encarnada na cultura dos simples, mas não menos espiritual (cf. DAp 263; EG 124). "A piedade popular é uma maneira legítima de viver a fé." No interior dessa piedade "o povo cristão evangeliza a si mesmo e cumpre a vocação missionária da Igreja" (DAp 264; EG 122, 126). Relembra o texto que os povos da América Latina se identificam particularmente com o Cristo sofredor, sentindo no crucificado aquele que deu a vida pelos empobrecidos. Assim, como foi apresentado neste texto, a devoção mariana é também de suma importância nessa piedade. Afirmam os bispos que "desde o Santuário de Guadalupe, faz sentir a seus filhos menores que eles estão na dobra de seu manto. Agora, desde Aparecida, convida-os a lançar as redes ao mundo, para tirar do anonimato aqueles que estão submersos no esquecimento e aproximá-los da luz da fé" (DAp 265). É um "Evangelho inculturado..." que toca "a carne sofredora de Cristo no povo" (EG 126, 24).

Falar de piedade popular é falar da piedade dos empobrecidos. É estar intimamente ligado com o Deus incarnado na América Latina, nos seus mais variados elementos culturais. Falar de piedade popular, fé, empobrecidos, Deus, é também falar do pensamento do Papa Francisco, o papa dos empobrecidos.

No interior desta Pátria Grande, Deus realiza sua parceria com os empobrecidos, e estes a expressam na sua fé através da piedade. Deus é esse parceiro que escuta os clamores dos últimos.

A pobreza e o mundo dos empobrecidos continuam sendo um desafio para a evangelização na América Latina. Escutar e discernir os sinais dos tempos conduzem a uma atitude de solidariedade com os empobrecidos. Uma pergunta que sempre incomodou e incomoda, mas que se faz necessária também na atualidade, é esta: qual o lugar social da Igreja neste continente latino-americano? Para Francisco, proveniente desse continente da esperança, a resposta parece clara: Igreja em saída para as periferias do mundo. Inserção no mundo dos empobrecidos, na resistência e luta para a mudança de uma realidade eclesial e social.

A traição ao Evangelho é afirmar que os empobrecidos não são mais o centro da eclesialidade atual. É urgente compartilhar suas dores construindo diversos hospitais de campanha nesse território. Escutar sempre esse grito de sofrimento proveniente das mais distintas formas de injustiça. O grito também está presente nas mais variadas tipologias de expressão da piedade popular.

Necessária é a luta diante do dragão do apocalipse atual, lutar pela vida (comida, trabalho, moradia, saúde, educação, respeito a todo tipo de diferença). A santidade do dia a dia (*Gaudete et Exsultate* 16) é ajudar o irmão a viver. Esta é a hora da ação, pois a glória de Deus é o pobre que vive (São Oscar Romero).

SUMÁRIO

Introdução 7

1. A força evangelizadora da piedade popular 13

2. Teologia do Povo 33

3. Mística popular 51

4. Piedade popular e as Conferências do Episcopado Latino-americano e do Caribe 57

Rua Dona Inácia Uchoa, 62
04110-020 – São Paulo – SP (Brasil)
Tel.: (11) 2125-3500
http://www.paulinas.com.br – editora@paulinas.com.br
Telemarketing e SAC: 0800-7010081